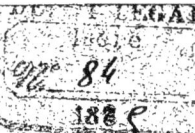

VOREPPE

EN 1814

GRENOBLE

IMPRIMERIE ET LITHOGRAPHIE VEUVE RIGAUDIN

8, rue Servan, 8

—

1885

VOREPPE

EN 1814

GRENOBLE

IMPRIMERIE ET LITHOGRAPHIE VEUVE RIGAUDIN

8, rue Servan, 8

1885

VOREPPE EN 1814

Au moment où divers détachements de la garnison de Grenoble se réunissent à Voreppe et ses environs pour s'exercer à des manœuvres d'attaque et de défense, nous pensons qu'il sera intéressant pour nos compatriotes de leur rappeler que ce point, si important et si bien choisi à l'entrée des Alpes, pour exécuter le simulacre d'un combat, fut en 1814 un de ces nombreux champs de bataille où la France accablée et épuisée faisait un dernier effort.

Les souverains de l'Europe, las de la puissance et du despotisme de Napoléon, s'étaient coalisés plus étroitement que jamais, et à la tête d'un million d'hommes, marchent sur Paris. Au nord, nos frontières sont livrées par la défection aux Prussiens et aux Russes. A l'est, le général Bübna, avec 90,000 Autrichiens, traverse la Suisse, envahit, la Franche-Comté, le Bugey, la Savoie, et arrive avec 30,000 combattants sur les limites du département de l'Isère.

Le général Marchand, qui le commandait, le défend énergiquement avec un corps de 10,000 soldats, formé de troupes de ligne, de gardes nationales mobilisées et de corps francs. D'anciens soldats accoururent avec enthousiasme.

Les Alliés, d'abord repoussés, reviennent avec de nouvelles forces ; le général Dessaix arrête leur marche sur Grenoble à Barraux et à la Chavanne.

Les Echelles sont défendues par un bataillon du 18ᵉ léger et les habitants du pays, armés et conduits par le vieux général de Barral, qui se dévoua malgré son âge et la rigueur de la saison. Le passage de la Grotte était protégé par deux pièces de canon dirigées par le capitaine Debelle, ancien officier d'artillerie en retraite et amputé d'une jambe.

Après avoir vigoureusement résisté à un ennemi trop supérieur, notre troupe se retira sur le défilé du Crossey et le col de la Placette. Le colonel Cubières, chargé de défendre Voiron avec quelques bataillons des 18ᵉ léger, 1ᵉʳ et 75ᵉ de ligne, battit à Chirens une colonne autrichienne qui, avec un renfort de 15,000 hommes venant de Lyon, commandés par le général Hardeck, reprit l'offensive. Cubières, ne pouvant lutter contre le nombre, se replia sur Voreppe.

Prévoyant qu'il y serait attaqué par l'armée de Hardeck, campée sur les hauteurs de Saint-Jacques, il hâta les travaux de défense ; dans la partie de la plaine comprise entre le rocher des Balmes et l'Isère, on creusa des fossés ; sur la rive droite de la Roise, on éleva un retranchement ; les chemins de communications furent coupés par des levées de terre. Deux canons furent placés sur le rocher des Buissières et deux autres au bas de la descente du bourg, à un détour de la route d'où l'on découvre les maisons de la Poste. La position de la Placette fut renforcée ; de ce côté, l'ennemi avait renoncé à nous inquiéter depuis le jour où il perdit un détachement tout entier, engagé dans un sentier escarpé.

L'effectif dont pouvait disposer Cubières pour défendre Voreppe se composait de 1,200 hommes du 18e léger, de 1,000 soldats d'autres troupes de ligne, de 1,000 gardes nationaux et douaniers mobilisés, d'une trentaine de hussards et de 60 artilleurs de marine ou gardes-côtes. Bon nombre d'habitants de Voreppe et des environs s'armèrent et prirent une part courageuse à une lutte où ils avaient à défendre leur propre foyer.

Le 2 avril, à une heure de l'après-midi, le canon des Buissières annonça l'approche de l'ennemi qui, nous attaquait sur plusieurs points ; la fusillade et la canonnade se firent entendre dans la plaine où nos soldats disputaient pied à pied les chemins, les haies et les fossés, repoussés par le nombre, ils résistèrent quelque temps dans les retranchements de la rive droite de la Roise ; mais ne pouvant plus s'y maintenir, ils vinrent s'abriter derrière la digue de la rive gauche. Là, un combat acharné s'engagea, nos soldats y montrèrent un courage héroïque et firent subir de nombreuses pertes à l'ennemi dont les morts couvraient les abords du torrent.

Pendant qu'on se battait dans la plaine et sur les bords de la Roise, un corps de lanciers s'avançait par la route de Moirans ; la batterie des Buissières, malgré la distance leur faisait du mal, celle de la route leur tua une centaine d'hommes et de chevaux, dès qu'ils eurent dépassé la Poste. Les tirailleurs autrichiens inquiétaient nos canonniers; l'artillerie ennemie tirait de plus près, un sous-officier français fut tué à côté de nos pièces par un boulet dont la trace se voit encore sur un portail en pierre ; et de plus, les lanciers avançaient toujours malgré leurs pertes, il était donc urgent de faire rétrograder l'artillerie. Le capitaine Debelle mit en batterie ses quatre pièces en avant du pont de Voreppe, et au moment où les cavaliers autrichiens débouchaient par un détour de la route au bas de la descente, ils furent foudroyés par la mitraille ; ce qui donna aux bataillons qui combattaient sur la Roise, le temps de se replier en bon ordre au moment où un régiment de dragons qui arrivait par le bord de l'Isère, allait envelopper nos troupes en les tournant par le hameau de Brandegaudière. Cubières ordonna la retraite et s'arrêta sur le plateau du Chevalon ; du haut de la montée nos pièces lancèrent encore quelques boulets sur un escadron autrichien à la sortie du bourg; un cavalier fut tué devant l'auberge du Petit Grenoble ; la nuit approchait et le combat avait cessé.

Il était quatre heures du soir quand les Autrichiens rentrèrent dans Voreppe ; exaspérés par notre résistance et les pertes qu'ils avaient éprouvées, ils menaçaient du pillage et de l'incendie ; quelques notables intercédèrent auprès de leur chef qui se contenta d'une forte somme d'argent et de vivres. Dans cette affaire les Autrichiens eurent 400 tués ou blessés ; les Français eurent à regretter une cinquantaine d'hommes. Deux habitants du bourg furent tués, Pouquet, charbonnier, et Parot, cultivateur. Un ancien artilleur nommé Guillot, s'était joint aux canonniers des Buissières, un bataillon du 18ᵉ léger était composé de conscrits du département qui se battirent comme de vieux soldats. Le détachement de la Placette, passant par les hauteurs de Voreppe et la montagne de Chalaix et rejoignit les troupes de Cubières qui vint se retrancher entre la Buisserate et le pont de Pique-Pierre. Les deux rives de l'Isère furent mises en état de défense et il attendit dans cette position l'attaque des Alliés.

C'était, comme plus tard, en 1870, une époque de trahisons et de lâchetés ; la reddition de Paris nous amena la Restauration et la paix fut proclamée. Les troupes mobilisées furent licenciées, celles de Cubières et des garnisons quittèrent le département. Les Autrichiens entrés à Grenoble le 19 avril l'évacuèrent le 28 mai ; nous étions enfin délivrés de nos envahisseurs.

Un Habitant de Voreppe.

www.ingramcontent.com/pod-product-compliance
Lightning Source LLC
Chambersburg PA
CBHW071439060426
42450CB00009BA/2240